© 2023 ELLIS POTTER

Sin limitar los derechos de autor reservados aquí, no se permite la reproducción del contenido de este libro, ni total ni parcialmente, sin el previo permiso escrito del autor, excepto cuando la ley lo permita y con la excepción de citas incorporadas dentro de artículos de crítica y revisión. Tampoco se permite guardar o transmitir el contenido de este libro de forma electrónica mecánica o de copia. Para cualquier información, contacte: info@destineemedia.com

Se ha tenido especial cuidado en citar datos originales y derechos de autor en las citas mencionadas de este libro. En caso de que se encontrara algún error, el editor estará agradecido de recibir documentación escrita que corrija el error para poder ser rectificado en posteriores impresiones.

Publicado por: Destinée Media
www.destineemedia.com

Cubierta diseñada por Ben Stone
Cubierta e interior por Ben Stone
Formato por Ben Stone
Traducido por: Noemi Read
Corregido por: Silvia Sánchez

Todos los derechos reservados por el autor.

ISBN 978-1-938367-76-2

Tabla de Contenido

Introducción — 05

La Creatividad — 11

La Racionalidad — 19

La Moralidad — 25

Las Emociones — 33

El Lenguaje — 41

La Relaciones — 47

El Cuerpo — 53

Lo Sobrenatural — 59

Una Espiritualidad Completa — 64

32 Preguntas — 65

Espiritualidad Completa

Por Ellis H. Potter

¿Qué es espiritual?

Durante una conferencia evangélica de liderazgo en Polonia, pregunté a algunos qué significado tenía para ellos la palabra "espiritual". Estas son las respuestas que recibí:

Sobrenatural

Invisible

Algo dentro de mí

No físico

Transcendente

Les dije que sus respuestas me parecían muy interesantes, ya que acababan de rechazar la Encarnación y la Resurrección de Cristo como un hecho no espiritual. La Biblia enfatiza que estos hechos fueron físicamente reales. Sin la Navidad y la Semana Santa, el cristianismo no es lo que la Biblia dice ser.

El propósito de este libro es explorar y clarificar lo que significa la espiritualidad- un tema que causa gran confusión. Es muy común, tanto en aquellas personas que son religiosas como en las que no lo son, entender que lo espiritual es sobrenatural. Si lo expresamos en una ecuación, encontramos que:

Espiritual = Sobrenatural

No estoy de acuerdo con esta ecuación. Yo pondría una raya sobre el signo de igualdad:

Espiritual ≠ Sobrenatural

Como ya he mencionado, la Encarnación y la Resurrección de Jesucristo son dos acontecimientos claves del cristianismo. Cuando la Biblia habla de esos temas, subraya el hecho de que son sucesos físicos, visibles, tangibles e históricos.

Quizás una ecuación más correcta para entender la espiritualidad, y que será la que exploremos en el presente libro, es la siguiente:

Espiritual = totalmente real

Si lo espiritual equivale a lo totalmente real, entonces es importante que comprendamos lo que es la realidad. Esta pregunta se la hacen los estudiantes inteligentes y lúcidos. La realidad es quién es Dios, lo que hace y lo que quiere. Eso te incluye a ti, por supuesto, porque Dios quiere que existas y es Él quien te ha creado. Incluye toda la creación natural como Dios la ha diseñado. Incluye las dimensiones, fuerzas y criaturas sobrenaturales.

Las distorsiones sobre quién es Dios, lo que hace y lo que quiere, no son reales. No son permanentes sino temporales. La eternidad es permanente; el tiempo es temporal. El tiempo no es algo malo, pero un día terminará. La enfermedad, el sufrimiento y la muerte, al igual que el orgullo, la envidia y el odio, no son eternamente reales, también terminarán un día. Una excepción es el sufrimiento de Cristo, que ocurrió tanto en la eternidad como en el tiempo, y, por lo tanto, es real.

Dentro del tiempo sufrimos enfermedades, aflicciones y al final morimos. Sin embargo, esas cosas no forman parte de la identidad de Dios, lo que hace y lo que quiere. Las cosas no reales causan sufrimiento. Una persona paranoica sufre de espejismos que no son reales. El sufrimiento no convierte esos espejismos en algo real. Dios quiere librarnos de las distorsiones irreales que vivimos y quiere eliminarlas por completo.

El pecado consiste en inventar la irrealidad e intentar vivir en ella. La realidad de Dios incluye, como ingrediente principal, la humildad. Si vivo en el orgullo y en el egocentrismo, eso es irreal y por lo tanto no puedo vivir en esa realidad falsa que me he inventado, porque no hay nada que lo fundamente. Debo vivir en la realidad de Dios, de quién es, qué hace y qué quiere. Si me voy más allá de eso, dejo de existir. Es igual que si un pájaro decidiera no emigrar. Morirá. Por eso dice la Biblia que "la paga del pecado es muerte."

El pecado no es una actividad en particular, aunque hay ciertas actividades que participan en el pecado. El pecado consiste, simplemente, en salirse de los parámetros de la realidad, rebelarse contra esa realidad que rebosa abundancia en la que podemos vivir vidas infinitamente creativas y bellas y en inventar nuestra propia realidad. Eso es el pecado y ocurre en las cosas grandes y en las pequeñas, en nuestros pensamientos, en nuestro lenguaje y en nuestras acciones.

A lo largo de la historia, las personas han sido propensas a idolatrar y considerar reales las imaginaciones propias y las de los demás. A veces esas fantasías son más reales que la realidad misma. Cuando ocurre esto, no es posible vivir como personas individuales, como comunidad o sociedad, porque esa realidad inventada no tiene un fundamento sobre el que asentarse.

El camino a seguir es volver a la Biblia, no en un sentido religioso en el que memorizamos y recitamos versículos, o en el que sentimos ciertas emociones cuando leemos la Biblia, o la interpretamos según nos parece. La forma de avanzar es leer la Biblia y preguntarnos: "¿Cuál es la realidad descrita en la Biblia en términos básicos?".

Una vez que empezamos a descubrir los parámetros de esa realidad, podemos empezar a vivir en ella y a invitar a otros que también vivan en ella. Todos somos pecadores, por ello, cuando aceptamos esa invitación, podemos ser transformados dramáticamente, porque significa pasar de vivir en una realidad e identidad falsa a una verdadera. Ese cambio es lo que llama la Biblia nacer de nuevo. Nacer de nuevo significa ser renovado por el poder del sacrificio de Jesucristo y vivir en la realidad verdadera para siempre.

La creación es real, pero las distorsiones que ha producido el pecado en ella no son reales. El pecado es cualquier distorsión, rebelión, adición o desviación de la realidad. Dios no es egocéntrico sino centrado en otros. Él nos ha creado a Su imagen, centrado en el otro. Ser egocéntrico o egoísta es ser irreal y demuestra que esa distorsión nos ha dañado terriblemente.

Ser espiritual es ser real como deberíamos serlo, según el carácter de Dios y Su intención. Ser espiritual significa pertenecer a Dios y encajar en Su realidad. No ser espiritual es encoger, aumentar o distorsionar la realidad de Dios. En la primera carta a los Corintios, en el capítulo 13, el apóstol Pablo habla sobre el amor. Aquí tenemos otra ecuación:

Dios es amor

Pablo nos dice que no importa lo que hagamos o consigamos, si no tenemos amor somos como un metal que resuena o un címbalo que retiñe- el sonido se disipa y desaparece. Es irreal. En el libro de los Salmos, en el Antiguo Testamento, leemos que la persona que basa su vida en la irrealidad se desvanecerá como un sueño al despertarnos.

Imaginemos que la espiritualidad humana es una serie de triángulos.

El Primer Triángulo:
La Creatividad

El origen y fondo del primer triángulo es Dios. Si queremos saber lo que la Biblia entiende como "espiritual", tenemos que empezar por la Biblia misma, la cual nos dice que "Dios es Espíritu". Esta afirmación es semejante a la declaración de "Dios es amor", "Dios es luz" o "Dios es verdad". Significa que todo lo relacionado con Dios es espíritu y que no hay ninguna parte de Dios que no sea espíritu o espiritual. Por ello, para entender lo que significa la espiritualidad, tenemos que averiguar qué dice la Biblia sobre quién y cómo es Dios. Entonces empezaremos a comprender lo que significa la espiritualidad desde el punto de vista bíblico.

Lo primero que aprendemos sobre Dios en el libro de Génesis es que Él crea y habla. Crea algo que antes no existía, como el tiempo, el espacio y la materia, a través de Su palabra. Dios creó los componentes básicos o fundamentos del mundo al crear todo lo que llena la tierra, como el mar, las plantas, los animales, al igual que las cada vez más complejas relaciones, según pasan los días de la creación. Entonces dijo Dios, "Hagamos al hombre (personas) a Nuestra imagen." Al crear al ser humano a Su imagen, lo crea para que sea creativo, porque Dios es creativo. Si Dios no hubiera hecho eso, no reflejaríamos Su imagen y estaríamos incompletos.

La creatividad humana no es como la de Dios, que crea de la nada el tiempo, el espacio y la materia, sino más bien continúa el proceso de la creatividad de Dios. Ese proceso, según relata el libro de Génesis, implica la fragmentación de la realidad en partes para crear relaciones y dinamismo. La realidad no fue creada para estar estática o ser materia indiferenciada, sino para ser un mar, una tierra, unos animales, unas plantas, con contrastes, relaciones y cambio energético. La realidad está dividida en partes, no para excluir o crear competitividad, sino para instaurar relaciones complementarias. Cuando Dios creó al hombre y la mujer, los hizo para que continuaran ese proceso de una manera que las otras partes de la creación no pueden hacer.

Las personas fueron puestas en la Tierra, primero en el jardín de Edén, para cuidar e incrementar las complejas relaciones que Dios había creado. Una de las primeras tareas que Dios da a Adán es nombrar los animales. Adán clasificó a los animales en categorías, creando así relaciones entre ellos. El hecho de nombrarlos significaba que ahora entraban dentro de una categoría o taxonomía, y de esa manera la realidad había sido cambiada. Nombrarlos cambió las relaciones. Dar nombre a algo o alguien es una función poderosa. Un gran crítico de arte dijo una vez que el artista dice: "Esto es así," y todo el mundo responde: "¡Es verdad! ¡Nunca me había dado cuenta!"

La función del artista consiste en ayudar a la gente a ver las relaciones, al igual que la función de Adán fue el percibir, describir y organizar las relaciones en la creación. Los otros animales no recibieron este trabajo; tan sólo el ser humano tuvo ese privilegio. Mostrar las relaciones a través de palabras, imágenes, música, baile, diseño de ropa, arquitectura y muchos más, no es una opción para el ser humano. Sin creatividad artística, los humanos no mostramos la imagen de Dios ni somos espirituales, porque Dios es creativo y muestra los vínculos y relaciones. Para poder ser espiritual, es esencial que practiquemos esta clase de creatividad.

La creatividad puede ser peligrosa. Puede salir mal y ser usada incorrectamente en orgullo, en conflicto, en dominación y en maldad, pero no puede ser eliminada con seguridad. No podemos hacernos puros y espirituales si no somos creativos. Tenemos que aceptar que Dios nos ha creado para ser creativos y no debemos rechazar el ser creativos.

La creatividad no se limita a la pintura, la música u otras actividades que consideramos "artísticas". En el sentido más simple, la creatividad implica el identificar y organizar relaciones, y el crear nuevas relaciones. Por ejemplo, el trigo crece de forma natural junto a otras plantas en la proximidad de un arroyo. El ser humano, siendo creativo, declara: "Trigo, tu crecerás solo en este campo." Eso no es algo natural. Es artificial. El ser humano es llamado a ser artificial. Eso es lo que el arte significa. En otras palabras, hay una división entre arte y naturaleza. Si una cosa es natural, es lo que Dios hace, y es perfecto, verdadero y hermoso, pero no es arte. El arte es artificial. Está hecho por la mano humana. Un campo de trigo no ha sido creado por Dios sino por el hombre, con su imaginación, su investigación, su experimentación y su energía física. La civilización es el resultado de este proceso; las personas se pueden asentar y no tienen necesidad de ser cazadores ni recolectores. Esto es arte también porque crea y organiza relaciones dentro de lo que Dios ha hecho. La gastronomía, la hospitalidad, la decoración interior, la conversación, la educación de los niños- todas estas cosas, como los campos de trigo, son creativas, porque implican el reconocer y organizar relaciones.

La creatividad es una de las cualidades que hace que los humanos seamos únicos. Forma parte del plan y diseño perfecto de Dios. Si decimos: "No, la creatividad es demasiado compleja y peligrosa; vamos a eliminar la creatividad para purificar nuestra vida," lo que hacemos es rebelarnos y ser desobedientes. Un ejemplo sería una persona con talento para escribir que decide no hacerlo porque teme manipular a otros con sus ideas o enorgullecerse- como si, por vivir una vida más limitada y reducida, se pudiera vivir una vida pura y limpia. Jesús dijo: "He venido para que tengáis vida y la tengáis en abundancia." No dijo: "He venido para que tengáis vida y la tengáis ordenada." La vida es caótica, y Jesús lo sabe. Es abundante y compleja. No andamos por vista o control, sino por fe. Necesitamos confiar que Dios nos va a guardar cuando las situaciones sean complejas y no las comprendamos ni podamos controlar. Tenemos la tendencia a reducir y controlar la vida, mientras que la tendencia espiritual es obedecer a Dios y aceptar la complejidad y la responsabilidad de la creatividad.

Sin embargo, hay otro peligro en el otro extremo. Puede que queramos convertirnos en Dios a través de nuestra creatividad. Siguiendo con el ejemplo de la escritura, el escritor puede crear un mundo ficticio que promueva conceptos, relaciones y valores humanos que reemplazan lo que Dios ha hecho. Vemos esa tendencia en muchas películas. Un ejemplo diferente sería la agricultura. Tenemos la misión y el poder para recrear la vida vegetal artificialmente y para cultivar de forma no natural. Pero esa autoridad puede ser mal usada para deforestar una cordillera o para causar erosión y crear zonas áridas, convirtiendo así la naturaleza en nuestro enemigo cuando intentamos controlarla de manera irresponsable y estúpida.

El poder que Dios nos ha dado para ser creativos está siempre en peligro. Debemos ir con cuidado y observar con gran detalle las situaciones, para que seamos creativos correctamente, dentro de nuestra posición de criaturas y no como si fuéramos Dios. Debemos funcionar como criaturas humanas. Creamos a la vista de Dios, el cual nos ha mostrado el patrón básico, y no debemos cambiar esos patrones con nuestra propia imaginación. Tenemos que funcionar dentro de esos patrones. Pero es muy complicado. No creo que podamos ver la línea definitiva y decir: "lo hemos descubierto, ya lo sabemos", porque no lo sabemos. Las cosas cambian y tenemos que estar siempre alerta. Necesitamos pensar, conversar y orar para que Dios nos de sabiduría y control.

Es normal que queramos protegernos con unos límites, pero eso no nos va a ayudar. Nunca vamos a encontrar el límite adecuado del cual podamos decir: "este tipo de creatividad es seguro, y este otro tipo de creatividad es peligroso," porque Dios no nos ha diseñado para vivir por la ley solamente, sino por fe, por gracia y a través de las relaciones, las cuales son dinámicas. Los límites son inamovibles. Dios no nos ha creado para ser estáticos.

Dios no es estático. Dios es tanto inmutable como variable. No podemos comprender la naturaleza de Dios porque somos seres creados. Para poder entender a Dios tendríamos que colocarnos detrás de sus hombros y observar todo el panorama. No obstante, no podemos ver la panorámica completa. Tenemos que andar por fe, no por conocimiento o comprensión, aunque deseemos fervientemente entender y controlar la situación. Queremos simplificar las cosas para que la vida sea más fácil y podamos entenderla. Pero la Biblia nos muestra que eso no es posible. Necesitamos que Dios nos guíe, nos proteja y nos contenga constantemente. Necesitamos que Dios nos guarde en la gran complejidad de la creatividad.

El Segundo Triángulo:
La Racionalidad

El segundo triángulo es la racionalidad. Consiste en percibir la realidad en relaciones o porciones. Significa entender que hay partes de la realidad que son más grandes o más pequeñas, más rápidas o más lentas, más brillantes o más oscuras, más duras o más suaves. Significa ver una variedad de cualidades, tal y como lo son el tamaño, la intensidad, la forma, la función y ver cómo esas partes de la realidad se relacionan entre ellas. La historia de la creación en Génesis nos muestra específicamente y con gran detalle que Dios es racional. El proceso entero, día tras día, consiste en crear y observar relaciones y proclamar que son "buenas". La relación entre la tierra y el mar- es buena. Las relaciones entre las plantas, los animales y las criaturas marinas- son buenas. El proceso creativo consiste en crear relaciones que van aumentando en detalle y la racionalidad reside en ver y entender esas relaciones.

Cuando Dios creó los seres vivos a Su imagen, los hizo racionales. No eran racionales como creadores del universo, sino como criaturas únicas, distintas de las otras partes de la creación. Las criaturas no-humanas no perciben la creación racionalmente como la perciben las personas. Los humanos percibimos la creación de una manera similar a como Dios la percibe.

La racionalidad y la creatividad se sobreponen de muchas maneras, pero la racionalidad es más bien un proceso de identificación de lo que existe y de descubrirlo con claridad; ser creativo significa hacer uso de esas relaciones, especialmente creando otras nuevas. La racionalidad implica el observar cómo crecen las plantas y entender el proceso, mientras que la creatividad es modificar cómo crecen, por ejemplo, cuando cultivamos ciertas plantas en un campo. La racionalidad nos proporciona información sobre las cosas y, por lo tanto, es esencial; pero la creatividad también es esencial, porque creamos cosas con lo que hemos aprendido.

Ser espiritual significa ser como Dios nos hizo y ser como Dios. La racionalidad es una parte esencial de la espiritualidad, aunque no está libre de problemas. Podemos usar indebidamente nuestra racionalidad. Podemos racionalizar las cosas de una manera legalista o mecánica. Podemos justificar conductas injustas con ciertos razonamientos. Podemos pecar mortalmente con nuestra lógica. Esto nos impulsa a buscar protección y de esa manera hay muchos que profesan y practican el ser menos racionales. Intentan vivir tan sólo por fe, confiando únicamente en sus impulsos e instintos, o siguiendo sus sueños, evitando recapacitar y tomar decisiones racionales, porque les parece que vivir por fe es más puro y sencillo. Esa sensación es interpretada como un sentimiento divino, un sentimiento espiritual, cuando en realidad no lo es. Es más bien como un viaje psicodélico de drogas; es placentero y por ello piensan que debe ser real, pero se necesitan otros criterios para evaluar lo bueno o lo no-bueno.

Evaluar mis sentimientos es algo humanístico. No es algo cristiano. Implica que yo soy Dios. Mis sentimientos, mis reacciones, manifiestan lo que es bueno y lo que es malo. No me fío que Dios me lo diga. No confío en la palabra de Dios, pues es complicada; en mi relación con el mundo que me rodea, confío en mis simples sentimientos y presentimientos. Los protejo simplificando y no aceptando las complicaciones que causa ser racional. A veces la gente dice: "Ya me he decidido, no me confundas con los hechos. Soy una sencilla persona de fe. Me limito a confiar y a obedecer," mientras que ni confían ni obedecen porque han eliminado la racionalidad que Dios tenía destinada como parte de su espiritualidad.

Por supuesto que, por varias razones, nuestra racionalidad es limitada. En primer lugar, somos criaturas, no el Creador, lo cual significa que nunca vemos o entendemos todo- ni mucho menos. En segundo lugar, nuestra racionalidad está limitada por el pecado, por las distorsiones de nuestra mente. En tercer lugar, somos víctimas de los pecados de otros, bien de nuestros padres, antepasados o de nuestra cultura. La racionalidad nunca es perfecta. Lo ideal es cuando funciona complementariamente con otros aspectos de nuestra espiritualidad. Si separamos la racionalidad y esperamos que nos dé vida, sólo encontraremos muerte.

La racionalidad también puede ser distorsionada por la historia y la cultura. La historia y la cultura pueden girar como un péndulo de un extremo a otro. Considera por un momento la objetividad y la subjetividad. En la época de la Ilustración y la revolución científica, el péndulo oscilaba hacia la objetividad y la idea de que la verdad es igual al hecho. Este giro comportó varios beneficios en cuanto a descubrimientos científicos, por los cuales estoy muy agradecido. Pero no era un panorama completo. Una de las cosas por las que doy gracias al postmodernismo es la restauración de la verdad subjetiva, por lo que la verdad no es sólo objetiva o factual, sino que también incluye puntos de vista personales e individuales. El problema con el postmodernismo es que, al restaurar la subjetividad hemos eliminado casi por completo la objetividad. Un extremo no es mejor que otro; sólo es diferente. Lo que necesitamos es un equilibrio complementario de abundancia e integridad de la objetividad y la subjetividad.

¿Cómo llegamos a ese equilibrio? Llegamos confiando y orando; llegamos a través del trabajo del Espíritu Santo en nuestras vidas, el cual nos transforma y nos da la mente de Cristo, en vez de la mente de muerte. De esa manera nos aproximamos hacia un equilibrio, aunque ese proceso nunca termina. Nadie puede llegar a ese equilibrio perfecto hasta que aparezca el Señor y haga todo nuevo. Hasta que eso ocurra, permanecemos en una situación que es imperfecta. A veces la gente intenta hacerlo todo perfecto, pero el perfeccionismo es una enfermedad de muerte -aun así, es comprensible, porque Dios nos destinó a ser perfectos. El deseo de ser perfectos fue puesto por Dios en nosotros; pero afirmar que la perfección es posible a través de nuestro esfuerzo, o el temor a que nuestra vida carezca de significado y valor porque no hemos llegado a la perfección, no procede de Dios.

La racionalidad no puede funcionar adecuadamente por su cuenta. De la misma manera que tiene que estar equilibrada en cuanto a objetividad y subjetividad, tiene que estar equilibrada con otras áreas de la espiritualidad. Nunca llegaremos al equilibrio perfecto en un mundo caído, aunque sí ocurrirá un día, en un mundo redimido- y cuando sea perfeccionado, no será perfecto de forma estática o paralizada, sino en una eternidad activa y dinámica.

El Tercer Triángulo:
La Moralidad

El tercer triángulo es la moralidad. La moralidad significa ser conscientes de lo que debe y lo que no debe ser. Dios, tal y como lo describe la Biblia, es un ser moral. Sabe bien que debe cumplir Sus promesas y no ser infiel o inconstante. Ese mandato procede de Él mismo. Nadie hizo a Dios. No tiene un familiar detrás susurrándole al oído: "¡Venga, tienes que ser un Dios que cumple sus promesas!" Él siempre ha existido. Cuando Moisés se encontró con Dios en la zarza ardiente, Moisés le preguntó: "¿Quién eres tú? ¿Cuál es tu nombre?" Dios le contestó: "Yo soy el que soy." Dios es autodeterminado, la causa de sí mismo. Eso es algo inimaginable desde nuestro punto de vista humano. ¿Cómo puede existir una causa sin causa? En cuanto a nosotros, todo lo que ocurre es causado por algo. Y, sin embargo, Dios es la única excepción. Él es la causa sin causa. Él es la realidad final; y Él es el principio de todo.

Dios es consciente de que Él mismo es una causa sin causa. También conoce su propia naturaleza. Él no es una nube cósmica de amor. Es un Dios particular- creativo, relacional, conversador y cumplidor de sus promesas. Dios nos ha comunicado la definición que se da a Sí mismo- Yo soy así. Sabe que tiene que ser de una manera particular. Debe ser un Dios comunicador que no esté callado. Debe cumplir sus promesas y no mentir. Es completamente coherente con lo que debe ser y nunca hace nada que no deba. Es fiel a sí mismo y a Su creación.

Cuando Dios creó al ser humano a Su imagen, hizo que fuera consciente de lo que debe ser y de lo que no debe ser. Les dio un ejemplo específico cuando colocó el árbol del conocimiento del bien y del mal en el jardín y les dijo: "No comerás de ese árbol." El árbol era un árbol real, pero también simbólico. El árbol representa ser independiente y conocer el bien y el mal por nosotros mismos, en vez de recibir ese conocimiento de parte de Dios; significa que yo soy Dios. Yo describo la realidad. Yo soy la fuente del conocimiento del bien y del mal. Ese conocimiento procede de mí mismo.

Esta ideología produce muerte porque me separa de mi Creador. También me aleja de otras personas que, como yo, piensan que el conocimiento del bien y del mal procede de ellos mismos, aunque es diferente al mío. ¿Entonces, quién tiene razón? Las diferencias son tan grandes que no vale decir que todo el mundo tiene razón, porque eso significaría que nada es malo. Por supuesto que hay gente que piensa que no existe el mal. Pero no he conocido a nadie que no se queje. Nunca he conocido a nadie que no haya dicho: "Eso no está bien."

Sin embargo, la idea de que el mal no existe es muy prevalente en nuestro mundo. Oyes a la gente decir: "Todo está bien, todo vale." O dicen: "No hay ni bien ni mal. La vida es un peregrinaje. No sabemos a dónde vamos, pero no hace falta saberlo, y lo importante no es la meta, sino el viaje en sí." Si realmente creemos eso, por lógica no deberíamos quejarnos de nada. Al contrario, tenemos la necesidad de quejarnos, porque las cosas están mal, objetiva y subjetivamente. Todo el mundo encuentra cosas que de alguna manera están mal, tanto en el mundo a su alrededor como en ellos mismos.

La creencia de que todo está bien y que estamos bien tal y como somos es una idea especialmente atractiva. Refleja nuestra tendencia natural a querer ser ricos en espíritu. Pero no es esto lo que enseña la Biblia. El primer punto del Sermón del Monte, en el cual el Rey, Jesús, proclama Su manifiesto del Reino, es la pobreza de espíritu. La pobreza de espíritu significa que sé que necesito a Dios. Ser rico en espíritu es saber que soy bueno por mí mismo y soy autosuficiente. Tengo la necesidad de ser afirmado. No necesito ser perdonado. Necesito que la sociedad me dé lo que me debe. Tengo mis derechos. Estoy bien. La pobreza de espíritu me hace darme cuenta de que no estoy bien. Necesito perdón. Necesito ser cambiado. Necesito ser sanado. Ese es el primer punto del Reino de los cielos: si no eres pobre en espíritu, nunca tendrás ninguna relación con el Reino de los cielos.

Confiar en el mensaje de Jesús no es tan sólo una cuestión de fe. Si observo mi vida con honestidad, lo que veo es un caos enorme. Veo mi miseria. Me siento alejado de otros. La Biblia me exhorta a ver que mi vida es un lío, no porque fui creado de esa manera, sino porque he elegido estropearla. A veces cuesta aceptar estas cosas. Nuestro orgullo natural se interpone para que no veamos con claridad. También puede que haya fuerzas malvadas que nos ciegan y nos consumen. La Biblia nos enseña que el diablo ronda a nuestro alrededor como un león buscando a quien devorar. El diablo habla a la gente y les empuja hacia el mal con pensamientos y procesos malvados, preparándolos para la muerte. Esas dos fuerzas, nuestro orgullo y un ser malvado, se combinan para no dejarnos ver la importancia fundamental de la pobreza de espíritu. Nos pueden impedir saber que necesitamos a Dios.

A pesar de que esta ideología que dice "Estoy bien" es muy popular hoy en día, la Biblia nos muestra que la gente ha creído esto desde el principio. El mal tiene mucho poder. La gente lo elige y se sumerge en él porque parece atractivo. Una vez que se escoge, se convierte en un hábito: entonces la gente construye un muro alrededor del mal y lo llaman el bien. Defendemos nuestro orgullo. Nos defendemos diciendo: "No, estoy bien; este es el camino correcto." Eso es una verdadera trampa, y la gente necesita ser liberada de ella. Necesitan que se les libere de la esclavitud de la muerte. Todos estamos atrapados en ese engaño de una manera u otra, y todos necesitamos ser liberados.

La gente religiosa, incluidos los cristianos, normalmente quieren tener límites de moralidad muy claros. Es cierto que algunos de esos límites los ha puesto Dios y deberían ser aceptados. El problema es que a veces se exageran, se aminoran o se distorsionan. Esencialmente, el límite que Dios nos ha demarcado se encuentra entre el egocentrismo y el altruismo. Si nos centramos en nosotros mismos para recibir y ser servidos, o ser afirmados por lo que somos por nuestra cuenta, vamos por el camino equivocado. Si pensamos en los demás, tanto en Dios como en otras personas, en cómo contribuimos y les servimos, entonces vamos por el camino correcto. Por ello es mejor hablar de una dirección más que de un límite. Un límite moral no es malo, pero no es suficiente. Por ejemplo, la Biblia dice claramente que el adulterio está mal. Hay un límite que no se debe pasar. Pero cuando Jesús habla del adulterio, se refiere al adulterio de la mente y la voluntad, no sólo el adulterio físico. Se refiere más bien a la dirección en la que te diriges. Así es que puede que te abstengas de tener una relación sexual física con una persona que no es tu cónyuge, pero puedes ir en la dirección de muerte a través de la imaginación, el deseo, la obsesión y la pornografía. No se puede mirar a una situación moral estrictamente y pensar: "Yo no he cruzado esa línea. Estoy bien."

Dios es el mismo Dios, con las mismas características morales, a través de toda la Biblia, tanto en el Antiguo como en el Nuevo Testamento. Eso significa que su moralidad es consistente. Claro que te encontrarás con gente que asegura que Dios es moralmente inconsistente, y para ellos eso es una cuestión de fe. También es una excusa. Si creen que Dios está equivocado, entonces son libres. Pueden decir: "No le debo nada a Dios. No hay un Creador. Yo aparecí de repente a través de un proceso evolutivo, como sale un hongo en la humedad. Yo puedo ser mi propio Dios." Esta es una idea muy atractiva en un mundo caído. Es otro ejemplo de ser rico en espíritu.

Cuando la gente me aborda con la cuestión de la supuesta inconsistencia de Dios, normalmente les pregunto: "¿Qué ejemplos tienes?" La mayoría de ellas no pueden darme un ejemplo claro. Suelen darme ideas ambiguas, como: "¿No es verdad que el Dios del Antiguo Testamento es legalista, mientras que el Dios del Nuevo Testamento es afectuoso?" Pero si estudias la Biblia a fondo, cosa que no hace la mayoría, descubres que la afirmación de que hay dos dioses, uno amante y otro legalista, no es verdad. Es el mismo Dios tanto en el Antiguo como en el Nuevo Testamento. Así que mi consejo es, si te importa la idea de la consistencia de Dios, estúdiala, investígala diligentemente.

Yo aconsejo a esas personas que no sólo examinen la Biblia para entender la consistencia de Dios, sino que también se examinen a sí mismos diligentemente. A veces me preguntan: "Si Dios es un Dios de poder y gran bondad, ¿por qué no hace nada con el mal?" Mi respuesta es: "Si Dios hace algo con el mal, ¿qué hará contigo?" Esta es una pregunta muy útil. Es una de las preguntas más importantes que las personas que cuestionan el carácter moral de Dios pueden hacerse a sí mismos. Si eres honesto con tus preguntas y honesto en tu investigación de la Biblia, llegarás a respuestas que puede que te sorprendan. Sin embargo, el que esta pregunta sea útil no significa que la gente le preste atención. A veces les resbala el tema. En el Nuevo Testamento, Jesús mismo, Dios encarnado, hacía preguntas a la gente que les resbalaba totalmente. Dios mismo les estaba hablando cara a cara y no sirvió de nada. El orgullo de estas personas era tan grande que se habían comprometido a no considerar ninguna otra posibilidad a parte de lo que ellos creían. Esto pasó hace dos mil años. Ahora la gente está en la misma situación.

El orgullo llega a ser tan fuerte y seductor que puede cegarnos sobre la necesidad que tenemos de un espíritu pobre. Cuando tenemos pobreza de espíritu, aceptamos como Dios nos ha hecho. También aceptamos la opinión de Dios, que es mucho más positiva que la nuestra – porque Dios piensa que vale la pena morir por nosotros. Eso nos asombra. Ese es parte del escándalo del evangelio. Dios dice: "Yo te hice. Te amo. Eres una criatura maravillosa, pero estás perdida. Vale la pena morir por ti. Quiero tanto que estés conmigo que voy a morir para poder disfrutar de tu compañía." No puedes recibir una opinión más grande que ésta. No se puede ser más positivo. La parte negativa es que tienes que morir. Tienes que morir a tu ego, tu orgullo, tu egocentrismo y tu deseo de inventarte a ti mismo.

No es fácil morir a uno mismo. Puede ser doloroso y amenaza. La parte positiva es que consigues una vida mucho mayor. Mueres a tu ser mortal, pero vives en Cristo. Lo positivo sobrepasa a lo negativo, aunque lo negativo no es insignificante. La expectativa de la muerte puede ser espeluznante. Puede parecer como una operación a corazón abierto sin anestesia. Yo comprendo ese temor, pero, como pastor y cristiano que soy, siempre estoy animando a la gente a confiar en Dios. Sufre el dolor. Aguanta el shock. Muere a tu mortal ser para que puedas vivir en Cristo. Elegir la vida puede ser duro, pero es sorprendente que la gente no quiera la vida. Es sorprendente, pero muy común y lógico cuando consideramos todas las tensiones, las tentaciones e inclinaciones de la existencia humana.

El Cuarto Triángulo:
Las Emociones

Según la descripción en la Biblia, Dios tiene emociones. Él desea que la gente viva y no muera. Su anhelo es que estemos bien. Quiere que las personas estén con Él, disfruten de su presencia y Él disfrute de ellas. Se enfurece cuando esto no ocurre- cuando la gente se aleja de Él y se autodestruyen o se destruyen los unos a los otros.

No podemos entender muy bien las emociones de Dios, pero la Biblia nos muestra claramente que están ahí. Por lo tanto, cuando Dios creó a los seres humanos a Su imagen, los hizo seres emocionales. Comprobamos este hecho en la historia de la creación. Adán funcionaba como humano, pero en solitario, de lo cual Dios dijo que "no era bueno", porque la imagen de Dios es ellos, no él o ella. Adán era tan solo él, no ellos. Faltaba una parte esencial. Cuando Dios creó a Eva, Adán se emocionó y cantó una canción semejante a la poesía hebrea. Estaba emocionado. Las emociones eran parte de quien era. Estaban presentes desde el principio.

Cuando hablamos de emociones, podemos cometer dos errores. Uno es que, cuando nos damos cuenta de que las emociones no son estables ni fiables, puede que las evitemos y hagamos nuestra espiritualidad sólo racional. Puede que tratemos de simplificar las cosas y de reducir nuestras emociones. Pero eso es destructivo y malo, porque Dios nos hizo seres emocionales para sentir emociones.

El otro error es concebir la espiritualidad como algo únicamente emocional. Puede que haya gente que busque diferentes formas de inducir experiencias emocionales, como por ejemplo a través del contacto con otras personas, o escuchando cierto tipo de música, o contemplando una obra de arte en particular, o hablando de una manera especial. La gente identifica sus emociones privadas, al igual que las emociones que comparten públicamente, como espirituales y acaban por rechazar la racionalidad y otros aspectos de la espiritualidad. Se sienten seguros y confiados con Dios porque identifican ciertos tipos de emociones como espirituales. Esta tendencia es un problema serio y una disminución de lo que significa la espiritualidad.

Tanto nuestro lado emocional como nuestro lado racional son esenciales, pero ninguno de ellos es totalmente fiable. Aun así, solemos enfatizar uno de ellos y al hacer esto intentamos limitar o eliminar el otro. La racionalidad y las emociones deben funcionar a la misma vez. La racionalidad sin las emociones no es vida. Es una computadora. También es un problema tener emociones sin racionalidad. Es otra clase de problema, pero igualmente distorsionador.

Al favorecer las emociones, la gente a menudo tiende a resaltarlas cuando definen la espiritualidad. Las emociones de felicidad se prefieren a las emociones de temor o vergüenza, aunque la Biblia nos enseña que el temor y la vergüenza forman parte de los sentimientos que debemos vivir en un mundo caído. Por supuesto que no nos gustan esas emociones y por eso tendemos a identificar como espirituales aquellos sentimientos que preferimos, sentimientos de placer y bienestar.

Yo creo en la existencia de una emoción que voy a llamar "inmensidad". Piensa en lo que se siente al estar en medio de una tormenta eléctrica, con el viento, los rayos y los truenos a tu alrededor. Surge dentro de nosotros un sentimiento que no es miedo, ni gozo, ni nada parecido, sino "inmensidad"- y la gente identifica ese sentimiento con la espiritualidad. Sin embargo, yo identificaría ese sentimiento con las emociones que produce el estar en medio de una multitud de un grupo radical. Si soy sincero, yo mismo he vivido ese sentimiento en congregaciones de miles de cristianos que cantan juntos- un torrente de "inmensidad", que me encanta. También siento lo mismo cuando escucho música de Beethoven, que, por cierto, no era particularmente religioso.

Hay gente que piensa que ese sentimiento de inmensidad o emociones similares, cuando ocurren en una iglesia, es lo que se siente al tener al Espíritu Santo dentro de ellos. Pero yo dudo que el trabajo del Espíritu Santo en nuestra vida sea experimentado tan sólo emocionalmente. Yo no eliminaría las emociones del trabajo del Espíritu Santo, pero tampoco las enfatizaría, porque las emociones pueden ser engañosas. Otras obras del Espíritu Santo en nuestra vida, como los frutos del Espíritu, son mucho más difíciles de imitar. Por ejemplo, la paciencia, la amabilidad, la bondad y la fe son difíciles de fingir. Sin embargo, las emociones se pueden simular o exagerar con mucha facilidad. Es posible que te vuelvas menos espiritual cuando tus emociones preferidas aumentan. Yo pondría el énfasis en los cambios reales en nuestra vida y en nuestras actitudes cuando consideramos si el Espíritu Santo está trabajando en nosotros o no, y no tanto en las emociones que sentimos.

A veces la gente no quiere recapacitar en sus emociones. Viven sus sentimientos de una manera ambigua o inconsistente y no quieren que eso cambie. Yo les preguntaría: "¿También te gustaría ignorar qué comida es nociva y qué comida es nutritiva?"

Hay personas que buscan el sentirse uno con todo. Pueden encontrar esa experiencia a través de ciertas drogas, como las psicodélicas, o a través de ciertas prácticas meditativas y a veces a través de religiones monásticas, como lo son el budismo o el hinduismo. Pero la experiencia de unidad es muerte. ¿Qué significa eso? Considera que el principio de la realidad es la Trinidad, que es tanto uno como muchos, tanto unidos como diversificados. Cuando la Biblia habla del mal, habla del diablo, Satanás, el acusador, el cual está solamente unificado, sin diversidad. No hay relaciones dentro del mal. Es como un agujero negro. Los agujeros negros han sido descritos como singularidades, lo cual es significativo. La singularidad es muerte; la vida, tal y como la entendemos, no puede funcionar en singularidad.

Algunos afirman que las experiencias de unidad pueden acrecentar sentimientos de paz y compasión por otros. Yo creo que estas personas son sinceras en lo que creen, pero la sinceridad no es un criterio para la verdad. El diablo es un ángel de luz, y es atractivo. La idea de unicidad es atractiva, pero es muerte. Por supuesto que la muerte, en este sentido, produce un beneficio temporal. Parece algo bueno. Si no disfrutáramos del pecado, nunca lo haríamos. El poder del pecado está en su atractivo. Para poder evaluar experiencias como la de la unicidad, siempre necesitamos apoyar nuestra respuesta en esta pregunta teológica vital: ¿Cómo es la realidad? Lo cual es lo mismo que decir ¿Cómo es Dios? ¿Qué nos dice la Biblia? La Biblia nos dice claramente que Dios es diverso. Jesús dice: "El Padre y yo somos uno." Hay una unidad. Pero también dice: "Sólo te puedo enseñar lo que el Padre me ha enseñado. No sé cuándo será el fin de la historia; sólo el Padre lo sabe." Por lo tanto, hay una diferencia entre el Padre y Jesús. Cuando Jesús ora al Padre, no está orando consigo mismo. Está hablando con otra persona. Un énfasis extremo de la unidad- como en la idea de "ser uno"- no toma la idea de la diversidad en serio a nivel fundamental. Como resultado de ello, distorsionará y destruirá la realidad.

Si no queremos distorsionar la realidad de esta manera, sería útil vivir dentro del círculo de la realidad. Esto puede ser difícil, pues mucha gente ha perdido el concepto de los límites de la realidad. Se nos ha enseñado que la realidad consiste en cómo nos sentimos. El significado de un texto es mi respuesta al texto. Siguiendo esa mentalidad, puedo preguntarle a alguien: "¿Cómo te sientes hoy en cuanto a la fuerza gravitatoria de la tierra? ¿Sientes que te atrae a la Tierra o te rechaza? Y permíteme que respete tu respuesta." Por supuesto que la gravedad de la tierra no depende de cómo me hace sentir respecto a ella. Es un hecho. Dios nos ha dado la fuerza gravitatoria y, aunque tengamos diferentes sentimientos respecto a ella, eso no hace que cambie la realidad. Es peligroso seguir nuestros sentimientos, sobre todo si nos atrae mucho el volar. Por ello, es importante que seamos conscientes de los límites de la realidad de nuestros sentimientos. Esto no significa que no sean reales, o que no tengamos que vivir con ellos o que no sean poderosos o una parte de quiénes somos. Pero el poder de los sentimientos para crear la realidad tiene sus límites y debemos respetarlo.

Entre las filosofías occidentales, el término compasión – más que amor – se usa con frecuencia al hablar de unicidad, con bastante razón. El amor es una relación de cara a cara. El amor implica exclusividad y abrazo. Me doy cuenta de que eres diferente, eres otro, estas ahí y, por lo tanto, puedo abrazarte. Pero si estoy unido a ti, no puedo abrazarte. Me abrazo a mí mismo. La compasión es una emoción y una actividad que apoya y fusiona a la gente en unidad. El amor, aunque puede ser una emoción, es, primordialmente, una serie de elecciones que animan a la otra persona a ser quienes realmente son, es decir, a ser otro. Así es como la Biblia describe la realidad auténtica.

Cuando la gente describe la paz que produce la unicidad, es difícil saber lo que significa concretamente, aunque, más allá de un sentimiento, a menudo parece referirse a una ausencia de conflicto. Pero eso no es paz desde el punto de vista bíblico. En la Biblia, la palabra paz significa shalom o provisión de una plataforma y un marco en el cual tener conflictos. Entonces, la paz de Jacob con Dios se expresó en una lucha. Jacob luchó con Dios, no contra Dios: y luchó por la verdad y la identidad. Se convirtió en Israel- el que lucha con Dios, combate con Dios. La paz no es la eliminación de la batalla, sino un contexto estable en el cual podemos pelear y crecer en la verdad. La eliminación de la pelea, del conflicto, es la eliminación de la vida.

A un nivel global, la creciente idea de unidad hace que la gente sea más susceptible al control, tanto político, económico, religioso y de otras maneras. Es muy probable que conduzca a una dictadura.

El Quinto Triángulo:
El Lenguaje

Una de las primeras cosas que aprendemos de Dios en la Biblia es que se comunica. Aprendemos que Su palabra crea la realidad. "Sea la luz, y fue la luz. Haya tierra y mar, y hubo tierra y mar." Dios, con Su palabra, hizo que estas cosas fueran una realidad. Luego formó al ser humano a Su imagen a través de Su palabra y trajo los animales para que Adán les diera nombre. Los trajo, no para ver si Adán podía adivinar sus nombres, o si podía acordarse de los nombres que Dios les había dado, sino para ver qué nombre les daría de su imaginación, de su propia creatividad. El nombre que Adán dio a los animales es el nombre que tienen. Como hemos visto, los animales fueron cambiados al recibir su nombre, al ser puestos en una taxonomía. T.S. Eliot escribió en su libro Cuatro cuartetos: "…las rosas tenían el parecido de flores que se miran." En otras palabras, una vez que se miran, las rosas son distintas de las flores que no se han mirado. De la misma manera, los animales que tienen nombre son diferentes de los que no han sido nombrados. El ser humano tiene el poder del lenguaje, el poder de moldear la realidad. No formamos la realidad como Dios la formó de la nada, sino que la moldeamos, continuando el proceso organizacional del desarrollo de relaciones a través del lenguaje. Es por ello por lo que el lenguaje es esencial para la naturaleza humana.

Para ser espiritual, no podemos eliminar el lenguaje. Tiene que estar ahí, pero, como los otros triángulos, no es seguro. Podemos mal usar el lenguaje. Podemos mentir, podemos manipularlo, podemos usarlo incorrectamente. Pero no podemos ser espirituales sin lenguaje.

Necesitamos tomar el lenguaje en serio y necesitamos regocijarnos en él. Si no lo tomamos en serio, no podemos gozarnos en él. Necesitamos reconocer el poder del lenguaje y nuestra responsabilidad de usarlo cuidadosamente. Debemos hablar clara y honestamente. No debemos pensar que el lenguaje no es real o que no tiene efecto. No deberíamos repetir palabras ambiguas o vacías de significado, como "lo que sea", o calificar cada cosa diciendo como..., en lugar de lo que realmente es. No debemos minimizar la realidad del lenguaje o el poder que tiene.

Cuando tomamos el lenguaje en serio, nos regocijamos en nuestra capacidad para usarlo en descripciones, en compromisos, en relaciones, para alentar y para capacitar. El lenguaje posee una función vivificadora. Tomarlo en serio significa aprender a expresarnos a través de una variedad de palabras. Significa conocer y examinar los clichés, refranes o frases culturales para descubrir lo que realmente significan y saber si de verdad queremos decir eso o nos escondemos detrás del lenguaje. ¿Hablamos comprometidamente o nos escondemos detrás de lo que piensa la mayoría? Estos son los temas que necesitamos considerar para poder profundizar y enriquecer el uso del lenguaje.

Los clichés son particularmente problemáticos. Su significado puede ser distante, difuso y amplio. La gente confía en ellos, pero no son un tipo de comunicación directo o comprometido. Los clichés no promueven las relaciones. Promueven un tipo de identidad superficial. Puede que nos identifiquemos con otros que usan los mismos clichés que nosotros y a la vez podemos sentir que tenemos una relación con ellos o que somos parte del mismo grupo, pero eso es apenas una relación. Sin embargo, si digo lo que realmente quiero decir, incluso si alguien no está de acuerdo conmigo, esa es una relación más fuerte. Hablamos sobre un tema y tenemos diferentes puntos de vista. Esa relación es mucho más íntima que si palabreamos los mismos clichés.

También hemos notado un aumento en el uso de imágenes e iconos para expresar ideas. Las imágenes pueden ser efectivas en cierta manera, pero son reduccionistas. Por ejemplo, un emoji no puede expresar una idea total y claramente, mientras que, si yo produzco una frase para dársela a alguien, será mucho más directo, responsable y significativo.

Hay personas que se sienten inadecuadas con el lenguaje. Puede que les cueste este aspecto de la espiritualidad. Todos luchamos con uno o varios aspectos de la espiritualidad. Eso forma parte de la realidad. No sería sabio decir: "Esta parte de la espiritualidad es difícil, así que voy a eliminarla o rechazarla, o aparentar que no tiene importancia." Eso sería un grave error. La vida es dura. Tenemos que animarnos mutuamente en esta lucha. Si alguien tiene dificultad con el lenguaje, debemos apoyarle y ayudarle a ver que tiene habilidades lingüísticas que aún no ha desarrollado y tenemos que animarle a ilusionarse por las muchas posibilidades que se les presenta. Lo mismo podríamos decir acerca de las emociones, la racionalidad y todos los otros aspectos de la espiritualidad. Esto es lo que significa el amor. Significa actuar y hablar de cierta manera para animar a la otra persona a ser la persona que Dios quiere que sea. Dios quiere que seamos ricos y fuertes en todas las partes de la espiritualidad. Cada uno es más fuerte en un área y menos en otra. Tenemos la tendencia a fortalecer lo que es fuerte y a ignorar lo que es débil. Pero nuestra tendencia espiritual es reforzar lo débil sin ignorar lo fuerte.

Desgraciadamente, la gente tiende a considerar como espiritual lo que se les da mejor. Esa es una gran confusión entre lo natural y lo espiritual. Una persona que, por naturaleza, es más racional que emocional, se inclinará más por llamar espiritual la racionalidad y considerará las emociones como un muñeco vudú. En vez de eso, tenemos que animarnos unos a otros en nuestras tendencias espirituales, lo cual significa tener un equilibrio entre los diferentes aspectos de la espiritualidad.

El Sexto Triángulo:
La Relaciones

La Biblia nos enseña que Dios es tres Personas. No son idénticas entre ellas y, en ciertos aspectos, son opuestas. Por ejemplo, el Padre da órdenes y envía y el Hijo obedece y va. En la realidad original, hay una variedad dinámica de función y punto de vista en Dios. Las Personas de Dios hablan entre ellas y tienen una relación jerárquica entre ellas. Puede que las relaciones jerárquicas sean políticamente incorrectas hoy en día, pero Jesús fue muy claro sobre este tema. Él dijo que no podía enseñar nada que no recibiera del Padre. También dijo que no sabe cuándo acabará la historia- sólo el Padre lo sabe.

Dios existe objetivamente. Las tres personas de Dios existen cada una objetivamente. La subjetividad ocurre cuando las tres personas de Dios se miran mutuamente desde sus diferentes puntos de vista. El Padre existe objetivamente y no cambia. Es fiel a Su carácter. El Hijo y el Espíritu Santo ven al Padre desde diferentes puntos de vista y, por lo tanto, aunque están mirando a la misma Persona que es objetiva, algo de lo que ven desde sus puntos de vista subjetivos es diferente. El Hijo ve perfectamente, al igual que el Espíritu Santo ve perfectamente, por ello, las diferencias en lo que ven son perfectas.

Una de las implicaciones de esto para la vida cristiana es que los cristianos no deberían ser copias iguales, viéndolo todo exactamente de la misma manera. La relación entre los cristianos no debería ser una de identidad sino de complementariedad, lo cual implica reconocer, respetar y valorar las diferencias entre unos y otros. El sexto día de la creación, Dios dijo: "Hagamos al hombre a Nuestra imagen." Luego creó a Adán. Durante los otros días de la creación, cuando creó la tierra, el mar, las estrellas, las plantas, los animales, dijo: "Es bueno," incluso "Es muy bueno." Pero, como hemos mencionado antes, cuando creó a Adán dijo: "No es bueno." Lo que no era bueno era que Adán estuviera solo. "No es bueno que el hombre esté solo." La razón por la que no es bueno es porque Dios no está solo.

Este es un refrán que yo me he inventado: Sólo Dios es Dios, pero Dios no está solo. Sin embargo, Adán, al principio, estaba solo. No había nadie más. Se podía relacionar con Dios, lo cual es esencial y maravilloso, pero dentro de la creación no había nadie con quien relacionarse. Adán era consciente de su existencia, de su ambiente y de su influencia en su alrededor cuando dio nombre a los animales. La mayoría de las personas piensan que Adán era personal, pero no lo era. Para ser personal se necesita tener una relación con otras personas. Ser personal es muy diferente de ser nosotros mismos, de nuestra identidad. Consiste en ser nosotros mismos en una relación con otros yo-mismos. Adán no tenía eso. Tan sólo se tenía a sí mismo. Dios llevó los animales a Adán para ver cómo los llamaría y quizás también para que Adán descubriera que no hay una relación paralela entre él y los animales.

Los animales son diferentes a los humanos. Y las plantas también. Funcionan fielmente dentro de los parámetros que Dios hizo. Por ejemplo, muchos pájaros están hechos para emigrar. Emigran cada año sin falta, a menudo el mismo día, si no, se mueren. Igualmente, si escalas los Alpes y ves una flor, te das cuenta de que diez metros más arriba ya no la encuentras. Si las semillas de esa flor se escapan unos metros más arriba o más abajo, no germinan, o germinan, pero mueren, porque ellas, como otras plantas y animales, tienen un hábitat y un funcionamiento natural. Si se salen de esos parámetros, se mueren, no pueden existir. Pero el ser humano, que está creado a la imagen de Dios, cambia los patrones. El ser humano rompe el patrón. El ser humano cuida el jardín, comienza con lo que Dios ha hecho y hace algunos cambios. Es como el ejemplo que di del trigo. Dios hizo el trigo y luego los seres humanos plantaron el trigo en los campos. Ese es el tipo de cambio radical que obra el ser humano y que los animales (o las plantas) no hacen. De todas maneras, eso no le hace personal. Tiene que haber otra persona consciente de su existencia con la que relacionarse para poder ser personal.

Es cierto decir que una persona no refleja la imagen de Dios. Por supuesto que se suele decir que cada persona, cada individual, está hecho a la imagen de Dios, pero la historia de la creación nos muestra que eso no es verdad. La oración del Padrenuestro también nos enseña que eso no es cierto. El Padrenuestro empieza con Padre Nuestro, no Padre Mio. No se trata de sólo Dios y yo. Jesús no concibe que yo me relacione con Dios en solitario, que Él sea mi Dios personal o que yo tenga una relación privada con Él. Tengo que relacionarme con Dios cuando estoy relacionado con otras personas.

El hecho de nombrar a los animales fue muy importante porque cambió la naturaleza de éstos; cambió el mundo. Pero todavía la situación no era buena porque Adán estaba solo. No había nadie en toda la creación con quien relacionarse. Entonces Dios creó a Eva. Eva era muy similar a Adán en muchos aspectos, por ejemplo, era una rompedora de moldes como Adán, tenía un punto de vista subjetivo también, sin embargo, era a la vez diferente. No era un clon de Adán. Existe un refrán en América que dice: Dios hizo a Adán y Eva, no Adán y Evaristo. Este refrán se usa a menudo contra la comunidad homosexual, pero su significado real revela algo más fundamental. Dios no hizo seres humanos para que buscasen lo mismo que ellos o vivieran dentro de su identidad, sino para que vivieran en relaciones con diferencias. En la relación adecuada de Adán y Eva, hay un tercero- un hijo. Así es como existe la gente, básicamente, en cualquier parte de la historia. Hay una madre, un padre y un bebé. Por lo tanto, en un sentido real, los seres humanos vienen en grupos de tres, lo que no debería sorprendernos. Dios es tres Personas, y Su imagen es tres Personas. La gente es Trinitaria. Dios hizo a Adán y Eva, los cuales se relacionaron el uno con el otro. La Biblia dice que Dios hizo al hombre a Su imagen; los hizo a Su imagen. Por lo tanto, la imagen de Dios no es él o ella, sino ellos, en relación.

La idea de que la gente es Trinitaria ha sido individualizada por algunos dogmas cristianos, sugiriendo en particular que cada persona es una organización tripartita de cuerpo, alma y espíritu. Yo creo que esa idea es problemática, porque no incluye todo, como el corazón o la mente. En ese sentido, no es completa. Pero el mayor problema es que se refiere al ser individual, mientras que el cristianismo está basado en el otro. Se trata de amar al prójimo como a ti mismo, no amarte a ti mismo. No se trata de tener una relación privada con Dios, sino una relación en comunidad- de familia, amigos, vecinos, iglesia, negocio, nación y otras comunidades. Por ello me parece más apropiado decir que el ser humano tiene una naturaleza tripartita, pero no es mente, cuerpo y espíritu; es madre, padre e hijo. Eso es espiritualidad básica. Así que la espiritualidad no es un asunto privado. No puedes decir Yo soy espiritual. Sólo puedes decir Somos espirituales.

Hoy en día la gente quiere creer que se pueden inventar a sí mismos. Pero la Biblia enseña que somos el resultado de lo que Dios nos ha dado. La naturaleza caída y el pecado del mundo distorsionan lo que se nos da, pero fundamentalmente somos lo que se nos ha dado. Cuando la gente insiste en inventarse a sí mismos motivados por su dolor, deseos o imaginación, eliminan la posibilidad de que se les dé nada. Como resultado de ello, la gente se siente muy sola. También se someten a una gran tensión, no sólo para inventarse a sí mismos, sino también para mantener esa invención. Esa presión es particularmente dura sobre los niños y los adolescentes. Yo creo que esa es la razón por la que vemos tantos suicidios entre la gente joven. No pueden soportar la presión de ser su propio Dios. No pueden soportar la presión de tener que crear su ser imaginario.

El Séptimo Triángulo:
El Cuerpo

No se puede ser espiritual sin un cuerpo físico. Mucha gente, si no la mayoría, piensan que lo espiritual es lo transcendente, lo no-físico. Pero "espiritual", según lo describe la Biblia, es una realidad mucho mayor. Dios ha creado el mundo físico. Lo ama y ha prometido restaurarlo y mantenerlo para siempre. La realidad de Dios no se divide en lo espiritual y lo no espiritual; todo es espiritual. Espiritual significa una realidad completa e integrada; lo que es parcial y desconectado no es espiritual.

La intención original de Dios era tener un cuerpo físico encarnado. La intención original de Dios era que nosotros también tuviéramos un cuerpo físico. La idea de que lo "espiritual" no incluye lo físico es muy antigua, pues incluso los discípulos de Jesús estaban preocupados por ese asunto. La victoria de Jesús sobre la muerte en la cruz dio como resultado un nuevo cuerpo espiritual resucitado. Cuando los discípulos vieron ese cuerpo, lo vieron con sus ojos platónicos o griegos. Palestina había sido una colonia griega por trescientos años, desde Alejandro Magno, y los griegos tenían el control del sistema educativo. Los chicos judíos habían absorbido la idea platónica, la cual incluye la noción transcendental de que "la idea" es más real que la cosa actual- algo que no enseña el Antiguo Testamento. Por ello, cuando los discípulos vieron aparecer a Jesús, estando encerrados en una habitación, pensaron que veían un fantasma o un ser sobrenatural. Lo primero que les dijo Jesús fue: "No, no soy un fantasma. Tocadme. Soy real." Luego les pidió que le dieran algo de comer y lo comió delante de ellos. En el nuevo mundo espiritual de Dios, el tocar es espiritual y el comer es espiritual. Los discípulos se asustaron porque Jesús no se les apareció por la puerta o asomándose por la ventana. Fue capaz de aparecérseles, o simplemente materializarse, porque estaba funcionando tanto en las dimensiones de tiempo-espacio como en las dimensiones de no-tiempo-espacio de la realidad. Eso es por lo que se puede teletransportar, aparecer y desmaterializarse.

Jesús, en su cuerpo resucitado, funciona en la realidad completa. Nosotros funcionamos y somos conscientes tan sólo de una parte del todo. Cuando seamos espirituales- totalmente espirituales en el mundo redimido- seremos capaces de funcionar en la realidad completa, siendo reales por completo. Eso incluye un cuerpo físico también.

En el Libro de Lucas, leemos la historia del encuentro entre Jesús y dos discípulos en el camino de Emaús. Emaús está a unos seis kilómetros y medio de Jerusalén, por lo que se tarda unas dos horas en caminar esa distancia. Los discípulos iban de camino a su casa. La mayoría de las pinturas y dibujos de ese encuentro muestra dos hombres. Pero no eran dos hombres, era Cleofas, nombrado en el texto bíblico, y su esposa, María Cleofas, que estuvo presente durante la crucifixión. Estos dos discípulos se sienten descorazonados y desalentados por la reciente muerte de Jesús y todo lo que ha pasado desde entonces. Jesús les dijo: "¿Por qué estáis tan tristes?" Ellos respondieron, en cierta manera: "¿Eres un turista? ¿No sabes lo que ha pasado? La ciudad entera está alborotada. Nos habíamos creído que el Mesías había venido, pero le mataron, aunque hay unas mujeres que dicen que le han visto vivo y no sabemos qué hacer o qué pensar." Jesús respondió: "¡Sois lentos de corazón!" y luego les abrió las Escrituras y les mostró, desde el principio hasta el final en este largo camino, por qué tenía que morir el Mesías y luego resucitar a nueva vida.

Cuando llegaron a Emaús, le hicieron entrar en su casa y sentarse a cenar con ellos. En un hogar judío, entonces y ahora, al comienzo de la comida, el padre toma el pan y dice: "Bendito seas, oh Dios, Rey del universo, el cual nos da el pan." Luego parte el pan y empiezan a comer. Pero cuando se sentaron, Jesús tomó el pan, lo cual habría sido un escándalo. Es como si estuviera diciendo: "Esta es mi casa, yo soy el anfitrión. Este es mi pan y yo soy el jefe." Luego hizo la oración de costumbre, partió el pan y desapareció. En ese momento, los dos discípulos no dijeron: "¿No ardía nuestro corazón cuando desapareció?" No. Tampoco dijeron: "¿No ardía nuestro corazón cuando tomó el pan?" Lo que dijeron fue: "¿No ardía nuestro corazón cuando nos habló en el camino?" Así que, cuando Jesús estaba trabajando con sus mentes, sus corazones estaban ardiendo, lo que muestra que la diferencia entre la cabeza y el corazón no existe. Todo va junto. El pensamiento, el conocimiento y la percepción son todos parte de la espiritualidad. La espiritualidad no es tan sólo una realidad transcendental o emocional. Es una realidad racional y emocional también.

En Juan 21:4-13 se cuenta el relato del día que Jesús se apareció a los discípulos en el mar de Galilea. Habían estado pescando toda la noche a la luz de una lámpara y Jesús les dijo: "Hola chicos, ¿habéis pescado algo?" Ellos respondieron: "No, no hemos pescado nada en absoluto." Jesús les dijo que echaran de nuevo la red. Ellos le contestaron que habían hecho eso toda la noche, pero Jesús insistió, así que ellos obedecieron y sacaron la red llena de peces. Eso fue un milagro, pero Jesús es el creador del universo y mandó a los peces que fueran a la red. Entonces los discípulos se dieron cuenta de quién era el que estaba hablando con ellos. Cuando llegaron a la orilla, vieron algo sorprendente. Jesús había hecho una hoguera. En otras palabras, había estado trabajando. Había cocinado pan, usando su creatividad, y también había cocinado pescado. Así que vemos que el trabajo es espiritual, y la creatividad es espiritual, porque el Cristo resucitado y glorificado hizo ambas cosas. Entonces Jesús les dijo: "Venid a desayunar," lo que nos muestra que la práctica de la hospitalidad es también espiritual.

En las apariciones de Jesús tras su resurrección, Jesús está presente físicamente, enfáticamente, caminando, hablando, comiendo, trabajando, lo cual nos dice que el cuerpo físico es también esencialmente espiritual. Nos dice que nuestro cuerpo físico será preservado por Dios para siempre. Por lo tanto, cuando intentamos ser espirituales, no deberíamos intentar descuidar, dejar o transcender el cuerpo. Deberíamos tomar nuestro cuerpo en serio, no de una manera narcisista o egocéntrica, sino como Dios lo había previsto. Deberíamos dar gracias a Dios por nuestro cuerpo y deberíamos estar contentos con él. Nuestro cuerpo físico no es algo que Dios va a destruir. Es algo que Él hizo y que va a transformar, al igual que nuestra mente y nuestro corazón y nos guardará con Él para siempre.

El Jesús resucitado, tal y como lo describe la Biblia, es la realidad espiritual final. No hay nada después de eso. No ocurre nada más. Eso es todo. Jesús es natural y sobrenatural. Él es transcendente e inmanente. Cuando pertenecemos a Él, esa es la dirección en la que nos dirigimos. Claro que no sabemos cómo será la restauración de nuestra persona, pero tenemos alguna indicación en el Jesús resucitado, y lo vemos al final de la Biblia, en la cena de bodas del Cordero. Esa cena no consistirá en el intercambio de ondas nutritivas de ectoplasma entre esferas de luz brillante. Va a ser pescado a la brasa y pan y toda clase de alimentos. La gente lo disfrutará. Claro que esa existencia redimida será mucho más que eso, porque viviremos en todas las dimensiones de la realidad, pero no sabemos por completo cómo será. Lo que sí podemos decir con seguridad es que será una vida mucho más amplia, rica e interesante de la que tenemos ahora. No se nos quitará nada de lo que tenemos ahora, excepto nuestras lágrimas, llanto, dolor y mortalidad; pero seguiremos teniendo emociones y percepciones. No habrá una reducción general de la vida para tener una vida espiritual. En vez de eso, se nos añadirán cosas a la vida que tenemos ahora. No podemos vivir esa existencia de redención por completo en el presente, pero podemos creer, aceptar, gozarnos y anticipar lo que va a venir, por fe.

El Octavo Triángulo:
Lo Sobrenatural

Hemos considerado siete aspectos diferentes de la espiritualidad, los cuales son esenciales y que trabajan en una relación complementaria, formando una espiritualidad completa. Pero algo de lo que no hemos hablado es lo sobrenatural, que incluye los ángeles, los demonios, los dominios y poderes, la oración y el trabajo del Espíritu Santo en nuestras vidas.

Siempre estamos en presencia de lo sobrenatural, no sólo a veces. Ser espiritual requiere la inclusión de lo sobrenatural, y no vivir tan sólo en un continuum de tiempo-espacio creado. Necesitamos tener una relación con la realidad no-creada, la cual es Dios. A veces describo lo sobrenatural como el octavo triángulo de la espiritualidad, aunque normalmente no lo enfatizo, porque la mayoría de los cristianos (y los no cristianos) ya saben que la espiritualidad se refiere a lo sobrenatural. El problema es que mucha gente piensa que eso es todo lo que implica, por eso enfatizo los otros siete triángulos- para mostrar que la espiritualidad es más que lo sobrenatural, aunque no es menos que lo sobrenatural.

La oración es una relación con Dios. Hay gente que quiere aprender técnicas de oración. A veces puede haber técnicas para orar, pero si lo reducimos a una técnica no es lo que Dios quiere que sea. Las relaciones no son técnicas. Las relaciones son a menudo todo lo contrario, incluso son algo misterioso. La situación entre nosotros y Dios es similar al matrimonio. Nosotros somos la novia de Cristo. Él es nuestro esposo y nos relacionamos con Él de varias maneras, una de ellas es la oración. La gente confunde la oración con la meditación, la transcendencia o las experiencias emocionales; pero, fundamentalmente, la oración requiere lenguaje. Requiere palabras. Al final de la profecía de Oseas, dice: "Toma las palabras contigo y vuelve al Señor." Suena un tanto cómico, como si las trajeras en un cubo, pero recuerda que lo primero que aprendemos acerca de Dios es que habla. Su palabra tiene efecto y Él es fiel a Su palabra. Lo primero que aprendemos de la gente es que ellos también hablan. Adán nombró los animales y su palabra tuvo efecto. Las palabras y el diálogo son esenciales y básicos para Dios y Su imagen, los seres humanos.

No podemos enfatizar lo suficiente la importancia de las palabras. Necesitamos usarlas con cuidado. He oído a cristianos decir: "Son sólo palabras." Mi respuesta es: "¿Qué otra cosa es la Biblia? ¿Qué otra cosa tenemos en la Biblia, aparte de palabras?" No hay nada más. Son sólo palabras. Las palabras son esenciales para la conversación humana y para la oración. Cuando Jesús enseñó a sus discípulos a orar, no les enseñó una postura o una técnica de respiración o un mantra particular. Los animó, al igual que a nosotros, a hablar con Dios. Nos dio su oración, el Padre Nuestro. Quiere que hablemos juntos con Dios, porque no dijo Mi Padre, sino Nuestro Padre. Las palabras nos conectan con lo sobrenatural.

A menudo oímos en la iglesia que deberíamos escuchar la voz de Dios en nuestras oraciones o en nuestras vidas. En un sentido, eso es cierto, pero en otro, es engañoso. Dios ya nos ha hablado a través de la Biblia, así que podemos oír Su mensaje hacia nosotros, comunicado a través de aquellas personas que escribieron la Biblia. Es esencial que escuchemos, leamos, estudiemos y oremos por este mensaje. Pero, a parte de la Biblia, ¿se puede escuchar la voz de Dios hablando literalmente con nosotros?

La Biblia, tanto en el Antiguo como en el Nuevo Testamento, relata varias historias sobre personas que escucharon la voz de Dios. Lo que me resulta interesante es que ninguna de esas personas esperaba escuchar la voz de Dios. Para ellos fue una sorpresa total. Incluso a algunos les produjo un sobresalto. El apóstol Pablo no esperaba escuchar la voz de Dios en el camino a Damasco. Fue una sorpresa que le hizo caer al suelo y le cegó los ojos. Pero Dios se dirigió a él. Dios habla a su tiempo y a su manera, clara y específicamente a algunas personas y no a otras. Sin embargo, Él ha hablado clara y detalladamente a través de la creación y a través de la Biblia, en la encarnación de Jesucristo y en la excepcionalidad del ser humano. Todo ello expresa la Palabra de Dios y el efecto de la Palabra de Dios y debemos prestarle suma atención. El creer que Dios me va a hablar a mí en particular, aparte de a través de la Biblia, es otra cosa.

Hay personas que esperan oír la voz de Dios. Esperan oír Su voz con relación a la compra de un coche o cuánto dar a una misión o a qué anciano elegir. Es posible que Dios te hable personalmente en la oración, pero, según la Biblia, esperar que nos hable no significa que vayamos a oírle. En vez de eso, la Biblia nos dice que cuando Él habla, tanto si estamos escuchando o no, le oímos.

¿Qué podemos deducir de esto de manera práctica? Digamos que estamos pensando si comprar o no aquel coche que vimos en el concesionario, aunque tenemos pocos recursos financieros. Sabemos que Dios es Dios de las cosas grandes y de las cosas pequeñas y que todo tiene importancia para Él. Así que queremos asegurarnos de que usamos nuestro dinero con sabiduría. ¿Qué hacer? ¿Oramos para que Dios nos guie? Claro que sí. Podemos orar por sabiduría. Podemos orar que Dios nos ayude a comprender la situación para tomar la mejor decisión. Sin embargo, cuando le pedimos a Dios que tome la decisión por nosotros, muy a menudo la respuesta es: "No, tú decides. Eres un ser humano, no una marioneta. No voy a decidir por ti. Tú decides." Con todo y con eso, es una buena idea traer nuestra petición a Dios porque, como se nos dice en Filipenses "sean conocidas vuestras peticiones delante de Dios en toda oración y ruego." No dice que sólo ruegues por lo que le interesa, sino por todo, incluyendo el coche. Pero no nos va a deshumanizar dictando los detalles de nuestra vida.

A veces, en respuesta a la oración, ocurre un milagro. Puede que estés sentado en la cocina y, de repente, suene el teléfono y es tu amigo que dice: "Hola, tengo un coche que ya no necesito más. ¿Sabes de alguien que lo quiera?" Estas cosas ocurren, no siempre, pero sí ocurren. Sin embargo, no debes esperar a que algo así ocurra antes de tomar una decisión. Puede que acabes el resto de tu vida esperando y nunca compres ese coche cuando de verdad lo necesitas.

Debemos recordar que se nos prohíbe controlar lo sobrenatural. Por ello se prohíbe la magia. La magia es el control de lo sobrenatural. Algunas iglesias tratan de torcer esta regla de una manera muy sutil. Por ejemplo, algunas iglesias creen que el Espíritu Santo llega una vez que el grupo de música se ha calentado y el sonido es bastante fuerte. Eso es magia. La idea es que el Espíritu Santo aparecerá a las 8:00 y no a las 7:00 porque a esa hora el grupo de música aún no ha empezado. Es sólo cuando hagamos ciertas cosas que el Espíritu Santo aparecerá. Eso es una costumbre mala.

Una Espiritualidad Completa

La espiritualidad no es parte de nuestra vida, es la totalidad de nuestra vida. Una espiritualidad completa incluye todos los triángulos que hemos considerado: la creatividad, la racionalidad, la moralidad, las emociones, el lenguaje, las relaciones, el cuerpo y lo sobrenatural.

Todo lo que hacemos, excepto el pecado, es parte de nuestra espiritualidad. No deberíamos ver nuestra vida dividida en lo espiritual o sobrenatural versus lo natural, sino integrada en un todo.

No entendemos ni podemos ver claramente todo esto. Dios ha prometido a aquellos que creemos en Jesús que un día seremos restaurados para ser como Él nos había propuesto. "Ahora vemos por espejo, oscuramente; mas entonces veremos cara a cara. Ahora conozco en parte; pero entonces conoceré como fui conocido." (1 Corintios 13:12).

Cristal Ahumado

Comienza puramente
Ardiendo en varias muertes
Nuestros corazones se vuelven de hielo

Comienza falsamente
Purificado por el fuego del Espíritu
Nuestros corazones se derriten en carne

- un par de haiku del autor

32 Preguntas

1. ¿Qué es el infierno?

El infierno forma parte de lo sobrenatural. Dios no quiere la muerte. Dios quiere que vivamos. La voluntad de Dios no es que ningún pecador muera, sino que todos vuelvan a Él y vivan. En la realidad de Dios hay vida, no muerte. La muerte es el resultado de querer vivir en otra realidad, por lo que, aunque la muerte ocurre, no es real. ¿Cómo encaja el infierno aquí?

Yo creo que, si elegimos consistentemente vivir fuera de la realidad, lo más probable que ocurra es que dejemos de ser reales. La persona que más habla del infierno en la Biblia es Jesús. La palabra que usó para referirse al infierno fue Gehena. Gehena era un lugar real. Era el basurero en el valle de Kidrón, a las afueras de Jerusalén. Gehena era una ilustración buena porque allí era donde se quemaba la basura y ese fuego estaba vivo las veinticuatro horas del día. La llama nunca se apagaba. La pregunta referente al infierno es: "¿Qué pasa con la basura?" Sabemos que la llama es eterna, pero ¿arde la basura eternamente o se quema por completo? Parte del mensaje de Jesús es que, si nos consideramos basura, somos basura y seremos echados al fuego.

2. Otra pregunta es: ¿De dónde viene el fuego?

Yo pienso que procede de Dios. Hay gente que cree que el diablo hace el fuego, pero opino que el diablo no crea nada. El diablo no es un creador. El diablo es un acusador. El diablo no vive en la realidad, vive en rebelión contra Dios. Invita y atrae a otras criaturas a estar con él, y es así cómo los consume. Pero el fuego del que leemos en la Biblia procede de Dios. Es Su gloria. Es una parte eterna de Él. El punto clave para nosotros es si nos enfrentamos a este fuego como fuego purificador o fuego consumidor. Si nos volvemos a Dios y elegimos vivir en Su realidad – si queremos ser transformados por Él- entonces nos enfrentamos al fuego. Nos quema y nos purifica, como se purifica la plata en el horno de crisol, tal y como lo explica Malaquías. El fuego arde y las impurezas suben a la superficie y son retiradas. La plata se va así purificando; el refinador es Jesús. Se asoma sobre el horno y, al quitar las impurezas, Jesús mismo se ve reflejado en la plata, porque nos vamos pareciendo a Él según nos vamos purificando. Sin embargo, si no nos volvemos a Dios, si nos separamos de Él, entonces el fuego nos quema por detrás. El fuego no purifica a aquellos que quieren vivir en su propia imaginación, en su orgullo y en su vanidad; es el mismo fuego, pero quema, consume y destruye. Sabemos que el fuego es eterno, porque es Dios, pero la pregunta es: "¿arde la basura eternamente o se quema por completo?" Es una pregunta difícil.

3. Una pregunta parecida es: "¿El infierno se perpetua por sí mismo, o tiene Dios que mantenerlo?"

Hay gente que cree que Dios sustentaría ese universo paralelo por toda la eternidad. Es un universo paralelo, separado y aislado, porque no puede existir dentro del universo de Dios, el cual es verdad y luz, Espíritu y amor. Ese mundo paralelo es una realidad falsa- lleno de orgullo, egocentrismo, destrucción y rebelión. Es posible que algunos razonen que Dios no puede mantener un universo separado como ese, ni donaría Su poder creativo para dejar que existiera tal lugar. En este caso, como nada puede existir sin el poder sustentador de Dios, el infierno no podría continuar indefinidamente, sino que desaparecería según se van quemando sus habitantes.

4. A veces oímos decir que la parte izquierda del cerebro es más numeral y lineal en sus procesos y la parte derecha del cerebro es más holística en su manera de procesar. ¿Tiene la estructura del cerebro algún paralelo con el tiempo y la eternidad?

Probablemente no. La Biblia nos dice que tengamos la mente de Cristo, no el cerebro de Cristo. El cerebro es una herramienta que la mente usa para pensar.

5. ¿Qué es la mente?

No lo sabemos por completo, pero un pasaje que nos ayuda a entender la mente se encuentra en el Sermón del Monte, donde Jesús habla del ojo como la lámpara del cuerpo. Jesús dice que cuando el ojo es auténtico, el cuerpo está en luz, pero si el ojo es maligno, el cuerpo está en oscuridad. Cuando el ojo es auténtico, lo ve todo bajo el mismo foco y no da una visión doble. El cerebro ve la realidad dividida entre lineal y holística, pero la mente no está dividida a menos que sea malvada.

6. ¿Cómo conseguimos esta singularidad de la mente?

Confiando que Dios lo haga. La confianza se corresponde con la fe. Tengo fe de que Dios hará conmigo lo que es bueno y necesario. Me hago disponible a la obra de Dios en mí cuando confío en Él y le obedezco, por lo que no soy totalmente pasivo. Escojo creer en Dios, elijo confiar en Él, decido caminar por el camino que el Espíritu me indica.

7. ¿Qué se debería hacer cuando ese camino nos lleva al dolor y al sufrimiento?

Deberíamos aceptar el dolor y el sufrimiento como dolores de crecimiento. La última bienaventuranza en el Sermón del Monte dice: "Bienaventurados sois cuando por mi causa os vituperen y os persigan, y digan toda clase de mal contra vosotros, mintiendo. De vosotros es el reino de los cielos." Cuando seguimos a Jesús, estamos en dos reinos, el reino de este mundo y el reino de los cielos. Hay una lucha y una batalla. El estrés y el sufrimiento de esta batalla son señales de vida y membresía de este reino de Dios.

8. ¿Por qué piensas que tanta gente asocia el ser más espiritual con el tener experiencias transcendentales o sobrenaturales?

Una razón es que parece que hace la espiritualidad más fácil. Es una especie de escapismo de la realidad total. La gente sufre en el mundo natural y quiere que lo sobrenatural sea más real que lo natural. Esperan no sufrir en la parte sobrenatural de la realidad. Es el diablo el que nos motiva a pensar así, pues quiere que sólo veamos la realidad en parte y no en su totalidad. Ver la realidad en su totalidad significa verla como natural y sobrenatural.

9. Si tenemos una visión o vivimos otra clase de experiencia sobrenatural, sin haberla buscado, ¿podemos confiar en ella?

Debemos examinar nuestras experiencias sobrenaturales para ver si corresponden con la verdad Bíblica completa. En Juan 4:1-3, se nos dice que probemos nuestras experiencias para ver si reconocen que Jesucristo ha venido en carne. Ello significa que lo sobrenatural se ha convertido en lo natural; lo eternal ha entrado en el tiempo. Ninguna visión ni experiencia debe desviarnos de esa verdad.

Hay una anécdota sobre Charles Spurgeon, un pastor bautista de Londres, que cuenta cómo, cuando se preparaba para predicar en su iglesia, un ángel del cielo se le apareció y le dijo: "Charles Spurgeon, tengo un mensaje del Señor para ti." Spurgeon le dijo: "Ahora estoy ocupado. Voy a predicar." El ángel le contestó: "Es un mensaje urgente." Spurgeon replicó: "Bueno, dime qué es." El ángel respondió: "Tu nombre está escrito en el Libro de la Vida." A lo cual, Spurgeon respondió: "La Biblia ya me lo ha dicho, y tú me estás tentando a creer en un mensaje de un ángel. Lárgate."

Eso es un ejemplo de cómo probamos los espíritus. Todos somos diferentes y no debemos copiarnos unos a otros, pero debemos demandar que se clarifiquen las experiencias sobrenaturales. La cuestión básica, en varias formas, es ¿Ha venido Jesucristo en carne? Spurgeon no hizo esa pregunta de forma literal, sino que su preocupación primordial era que Cristo, la Palabra de Dios encarnada y escrita, fuera la base de su vida.

10. *¿Hay gente que es más propensa a ser más consciente de lo sobrenatural? Si es así, ¿qué les aconsejarías?*

Hay gente, sobre todo los niños, que parecen ser más conscientes de lo sobrenatural que otros. Mi consejo es que no se rechace esa sensibilidad, sino que se sea cauteloso. Si enfatizamos demasiado lo sobrenatural, podemos llegar a creer que es más real que lo natural, lo cual no es cierto.

La creencia de que lo sobrenatural es más real procede principalmente del diablo, pero también a través de algunos filósofos como Platón. El misticismo y el cristianismo no son lo mismo. Jesús no es tan sólo sobrenaturalmente real, sino naturalmente real. La Palabra se hizo carne sin dejar de ser no-espiritual.

11. El silencio y la quietud se enfatizan a menudo en los sistemas espirituales no-cristianos, especialmente en los sistemas meditativos. ¿Deberían el silencio y la quietud jugar un papel en la vida cristiana?

Sí, deberíamos tener espacio para escuchar a Dios, el cual habla a través de Su palabra, la Biblia y de otras maneras. Debemos tener cuidado de no confundir el silencio y la quietud con la oración, la cual es lenguaje comprometido.

12. Si lo espiritual es igual a la realidad total, ¿también lo espiritual es igual a la humildad?

Yo no diría que lo espiritual es igual a la humildad, sino que la humildad es espiritual. La humildad es simplemente realismo, aceptar quién es Dios, lo que hace y lo que quiere. Cuando Dios le pidió a Moisés, junto a la zarza ardiente, que fuera el líder de Israel, Moisés dijo: "No, no estoy cualificado." Eso era orgullo. Luego, Moisés aceptó que la voluntad de Dios era correcta, y eso fue humildad. Moisés fue llamado el hombre más humilde en todo el mundo. Tenía poder de vida y muerte sobre un millón de personas y era humilde.

13. ¿Qué palabras usa la Biblia para hablar de la espiritualidad?

Cuando la Biblia habla de la espiritualidad, comienza con Dios. Incluso dice que "Dios es Espíritu." Las palabras que usa la Biblia para referirse al espíritu son ruah y pneuma, palabras hebreas y griegas, las cuales significan "viento". Cuando la Biblia dice que el Espíritu sopla donde quiere, dice "El viento ventea." Espíritu es expresión o lo que sale de dentro. Una persona tiene espíritu, al igual que lo tiene un libro o una canción o un partido político o una familia o una iglesia. Todos ellos se expresan y son activos. El espíritu expresa a la persona entera. Incluye todas las partes de la persona. El hecho de que Jesús es la palabra de Dios, a través del cual todo fue creado, nos muestra el efecto creativo de este viento o expresión.

En el evangelio de Juan, 4:24, Jesús dice "Dios es Espíritu". No dice que Dios es espiritual o que tiene partes espirituales. Dios es todo espíritu, así que nuestro entendimiento de lo que es espiritual tiene que incluir todo lo que descubrimos acerca de Dios. Date cuenta de que no suena bien decir "espíritu es Dios". Si pensamos así, lo que hacemos es empezar con nuestra experiencia de lo que pensamos que es espíritu y lo que sentimos que es. Acabamos diciendo que Dios es lo que yo entiendo por espíritu. No funciona porque empieza con nosotros. Lo mismo ocurre con el amor. Si queremos saber lo que es el amor, tenemos que descubrir lo que es divino. Dios es amor es la frase adecuada. Lo incorrecto es decir amor es Dios. En nuestra época postmodernista, mucha gente cree en esa falsa idea. Ellos dicen: "mi experiencia de amor, o mi presuposición o aspiración sobre el amor, son Dios. Si conozco estas cosas, entonces sabré acerca de Dios." Pero no será así. Sólo sabré algo acerca de mi locura, de mis propias distorsiones. Pero si lo decimos al revés – Dios es amor – empezamos con Dios y de esa manera podemos descubrir lo que es realmente el amor. Tenemos que dejar que Dios defina el amor en relación consigo mismo. Lo mismo ocurre con el espíritu. Todo lo que descubrimos sobre Dios es espiritual, incluida la Encarnación.

14. ¿La tecnología es un mal espiritual?

Las nuevas tecnologías nos permiten manipular aspectos básicos de nuestra vida, bien a través de la fabricación genética, creando puntos de contacto entre el cerebro y la inteligencia artificial o de otras maneras. ¿Deberíamos continuar con este tipo de progreso? Debería haber límites en estas actividades, aunque puede que dependa de cómo y por qué se está usando esa tecnología. Hablando en términos generales, esas tecnologías serían consideradas problemáticas, e incluso malvadas, si, por ejemplo, redujeran o eliminaran aspectos básicos de nuestra espiritualidad, o si redujeran nuestra habilidad para tomar decisiones o sentir remordimiento y ver la necesidad del perdón. Así que debería haber límites, aunque tenemos que pensar y orar con mucho cuidado para poder entender cuál es la mejor forma de avanzar.

15. ¿Cuáles fueron las consecuencias de la caída?

La muerte. Con "muerte" quiero decir separación de las cosas que Dios quiso que pertenecieran unidas. Por "cosas" quiero decir, por ejemplo, una persona y otra persona, gente y Dios, y uno mismo, por lo que el cuerpo está separado de la mente y del espíritu mientras vive de alguna manera y luego vive una separación permanente cuando el cuerpo se descompone. También existe una separación entre la parte humana de la creación (seres humanos) y la parte no-humana de la creación (plantas, animales, rocas, ríos, etc.). La muerte no es espiritual. La espiritualidad completa, la cual es un don de Dios a través de Jesucristo, destruye la muerte y restaura todas las relaciones que Dios ordenó.

16. ¿Cómo podemos vivir lo más humanamente posible en un mundo caído?

De manera activa y pasiva. Dejemos que Dios viva en nosotros, trabaje en nuestra vida y tomemos decisiones que siguen Su consejo en Su palabra (la Biblia) y del Espíritu Santo que vive en nosotros. Todos los triángulos deben ser incluidos en las decisiones que tomamos, para que tengamos una vida completa y espiritual.

17. ¿Cuál es la diferencia entre moralidad y ética?

La moralidad consiste en vivir siguiendo las pautas que Dios nos ha dado sobre la vida. La inmoralidad consiste en vivir fuera de esas pautas. La ética consiste en vivir dentro de las pautas temporales para la vida de nuestra cultura. Vivir fuera de la ética es vivir fuera de esas pautas. La gente marca las pautas éticas. Dios marca las pautas morales.

Si practicas el sexo con alguien que no es tu esposo/a, has cruzado la línea. Pero si practicas el sexo en tu imaginación con alguien que no es tu esposo/a, también has cruzado la línea. Nunca nos hallamos en una situación en la que no hemos cruzado la línea. Siempre somos pecadores. Siempre necesitamos la gracia de Dios. No podemos protegernos a nosotros mismos.

18. ¿Los científicos traspasan la línea moral?

Los científicos siempre han cruzado la línea de la moralidad. Los científicos agricultores antiguos descubrieron unos métodos de cultivo intensivo y destruyeron el suelo en el valle del Tigris-Éufrates alrededor de los años 3.000 o 4.000 antes de Cristo. Los científicos siempre han sacado sus descubrimientos fuera del contexto divino de la creación y han causado destrucción. Dios quiere que la gente explore Su creación científicamente, pero quiere que lo hagamos con sumo cuidado y que no impongamos una manipulación limitada o egoísta que destruya la creación. Así que cuando pensamos en la nanotecnología y cosas así, la cuestión es la misma ahora como lo fue en la historia antigua. La ciencia ha sido estipulada por Dios, pero se debe usar responsablemente y con cuidado dentro de todo el contexto de la creación de Dios, para que no reduzcamos Su creación ni la destruyamos.

19. ¿Cómo podemos saber si nuestra iglesia se ha vuelto demasiado racional en su interpretación de la Biblia?

Incluso un poco de racionalidad está mal si se saca del contexto del amor. Si pensamos que podemos mantener un pensamiento vital y alegre, sin vivirlo con amor, cometemos un error muy grande. La racionalidad está muy bien, pero debe funcionar dentro del contexto del amor. Si se divorcia del amor, produce muerte. La pregunta no es si hay mucha o poca racionalidad, sino ¿se practica la racionalidad dentro del contexto del amor? Podría haber una iglesia en una zona universitaria con un alto nivel de racionalidad en la cual la gente de la calle no se sintiera incluida, pero se practica en el contexto del amor, por lo tanto, no crea un problema. Por otro lado, podría haber una iglesia en una comunidad más humilde, en la cual nadie ha ido a la universidad, y se practica la racionalidad de una forma legalista, egoísta y exclusiva. En este caso, la racionalidad sería destructiva.

20. ¿Es espiritual tomar sustancias psicodélicas para aliviar una condición psiquiátrica o médica?

Como regla general, pienso que sí.

21. ¿Es espiritual tomar sustancias psicodélicas para contactarse con seres o esferas sobrenaturales?

Debemos probar los espíritus para saber si proceden de Dios. La prueba es, como dije antes, ¿Ha venido Jesucristo en la carne? Entonces, si una droga psicodélica nos produce experiencias que nos enseñan que lo sobrenatural es más real que lo natural, está mal (porque Jesucristo ha venido en la carne y es totalmente espiritual).

22. ¿Puedes dar un ejemplo del shalom de Dios dentro del contexto del sufrimiento?

Shalom significa bienestar y seguridad en la verdad y el amor de Dios. Shalom es un fundamento y un marco para la vida que Dios provee para nosotros. Ese fundamento es igualmente efectivo, tanto si estamos felices como si estamos tristes, seguros o en peligro. No es ausencia de conflicto, sino seguridad dentro del conflicto. El shalom de Dios es mayor que los conflictos que vivimos.

Cuando fui hospitalizado por depresión, estuve muy, muy enfermo y con mucho dolor. Cuando me pregunté a mí mismo: "¿Estoy seguro en el amor de Dios?", la respuesta siempre fue: "¡Sí, por supuesto!".

23. ¿Hubo algún momento en el que perdiste ese shalom?

Hay momentos en los que todos perdemos contacto con el shalom. Vivimos en un mundo caído; todos somos pecadores. Pero esos momentos cuando perdemos el contacto con el shalom de Dios pueden ser muy felices y triunfantes. Cuando somos felices o triunfamos, podemos ser tentados al egoísmo y a construir el bien y el mal a nuestro modo según nuestra imaginación o experiencia, en vez de según la verdad de Dios. Por lo tanto, yo diría que los momentos de felicidad, de confort y de triunfo en la vida son más peligrosos que los momentos que no disfrutamos en la vida. Cuando sufrimos, solemos ser más conscientes de nuestra necesidad de Dios. Cuando somos felices y disfrutamos del éxito, tenemos la tendencia a olvidarnos de nuestra necesidad de Dios. Olvidarnos de nuestra necesidad de Dios es perder shalom. Esto se corresponde con la primera bienaventuranza – bienaventurados son los pobres en espíritu, porque de ellos es el reino de los cielos- porque sólo cuando sabemos que necesitamos a Dios tenemos shalom.

24. ¿Cómo podemos ser más responsables con el uso del lenguaje?

Escribe preguntas y respuestas y, al cabo de un par de días, vuelve a leerlas y decide si firmarías tu nombre a pie de página. Vuelve a escribirlas hasta que se estabilicen y sean lo mismo cada día. Algunos de mis estudiantes han hecho eso y han visto que funciona. Otros lo encuentran demasiado difícil y lo abandonan. Este tipo de ejercicio puede resultar humillante porque nos hace darnos cuenta de lo caótica que es nuestra vida y lo poco comprometidos que estamos con el lenguaje. Aunque vemos claramente que es posible comprometernos con el lenguaje, el mundo a nuestro alrededor nos empuja hacia el caos. Puede que las personas que nos rodean nos digan "tranqui", "tú lo flipas", "me resbala" o "lo que sea". Una vez alguien me dijo: "No te conviertas en un herrero de palabras". Ser más responsables con el uso del lenguaje, en nuestra cultura postmodernista, implica el ser antisocial y contracultural y, de esta manera, ser más espiritual.

25. ¿De dónde viene el deseo que tenemos de romper los moldes y de descubrir cosas nuevas?

De Dios. Dios quiso hacer criaturas a Su imagen. Los seres humanos estamos hechos a Su imagen. Las otras criaturas (los animales) no lo están. Los seres humanos hemos sido encomendados a continuar el proceso creativo y a incrementar la complejidad de la creación. Por ejemplo, Dios hizo que las ovejas y las cabras pastaran en la naturaleza según las estaciones del año. Los seres humanos han desarrollado esas características al darles cobertizos y situaciones estables. Lo que hace Dios se llama creación y lo que hace el ser humano se llama arte, porque es artificial.

26. Hoy en día muchas personas dicen que son espirituales pero no religiosas. ¿Qué quieren decir con eso?

Pues no estoy seguro. Así que, si alguien me dice eso, le pregunto qué quiere decir. Un gran obstáculo para la comunicación es suponer que sabemos lo que la otra persona está diciendo.

27. Has dicho que la eternidad es permanente y el tiempo es temporal. Si el tiempo es temporal, ¿es una distorsión?

La creación, tal como la hizo Dios, era perfecta. La relación entre el tiempo y la eternidad era perfecta, sin distorsión. Pero el pecado y la rebelión causaron una fractura en la realidad que necesita ser restaurada por Jesús. La creación en el tiempo es una expresión de la realidad en la eternidad. Dios vive en la eternidad, antes y fuera de la creación. El tiempo y la eternidad son matrices de secuencia. En el espacio, las cosas ocurren en el tiempo. Fuera del espacio, las cosas suceden en la eternidad. Hay varios puntos de encuentro entre el tiempo y la eternidad, los más importantes son la revelación y la oración. Cuando venga Jesús, todo se volverá a unir, dentro de una matriz y viviremos en la eternidad.

28. ¿Cómo podemos sentir el trabajo del Espíritu Santo?

Somos llenos del Espíritu Santo cuando creemos en Jesús. La Biblia no nos dice nada sobre cómo se siente el Espíritu Santo. De la misma forma, no hay nada en la Biblia que nos diga que el Espíritu Santo no siente nada. Pero no nos dice qué sentimos o cómo sentimos.

29. ¿Qué es una bendición?

Una bendición es un engrandecimiento de la vida- mientras que una maldición es una reducción de la vida. Por regla general, pensamos equívocamente que una bendición nos hace sentir bien. Muchas bendiciones nos hacen sentir mal. Un claro ejemplo de esto es ir al dentista. Una visita al dentista es una bendición. El dentista nos hace sentir mal y nos da miedo, así que lo evitamos. Creo que eso es un símbolo de la vida en general. Las bendiciones normalmente nos hacen sentir mal y las maldiciones parecen ser buenas. Si te rompes una pierna al caerte en la calle y aparece un doctor que te dice: "Pobrecito, debe dolerte mucho. Veo que el hueso se ha dislocado y sale por la piel. Te voy a bendecir." Entonces te pone una inyección de morfina para el dolor. A los tres segundos te sientes de maravilla y el doctor te dice: "Ahora te he bendecido" y se va, dejándote solo. ¿Te ha bendecido? No, te ha maldecido. La vida es desconcertante y necesitamos escrudiñar la Biblia para saber lo que es una bendición y lo que es una maldición y así caminar por fe.

30. ¿Qué es el cielo?

El cielo son las dimensiones sobrenaturales de la realidad. Las dimensiones del cielo son similares a, pero también diferentes de, las dimensiones de la realidad natural. Por ejemplo, la realidad natural funciona prácticamente en el tiempo, y la realidad sobrenatural en la eternidad. Tanto el tiempo como la eternidad son matrices de secuencia, las cuales se conectan la una con la otra. Eso significa que cada punto del tiempo está presente en cada punto de la eternidad. Al final de la historia del tiempo, la oración que Jesús nos enseñó a orar, "Venga tu reino, hágase tu voluntad así en la tierra como en el cielo", será plenamente contestada. La esperanza del cristianismo no es que iremos al cielo, sino que el cielo vendrá a nosotros. El tiempo y la eternidad se fusionarán y serán una matriz de secuencia. La separación entre el cielo y la tierra acabará.

31. A veces la gente pregunta: ¿Cómo será vivir en el cielo? ¿Tienes alguna idea sobre esto?

THay dos fases o etapas. Una es estar con Dios después que morimos, pero antes de la resurrección de los muertos y la llegada del cielo a la tierra. Esa será una etapa intermedia. La Biblia nos dice que los que mueren en el Señor estarán con Él, serán conscientes de ello y también desearán que llegue el día de la resurrección de sus cuerpos. La realidad final será cuando el cielo venga a la tierra, y el cielo y la tierra se unan y tengamos nuestros cuerpos resucitados. Tenemos un ejemplo del cuerpo resucitado en el cuerpo resucitado de Jesucristo. Él bebió y comió, habló con la gente y se trasladó instantáneamente a través del espacio y apareció físicamente en otras habitaciones sin pasar por la puerta o la ventana. Por ello, nuestro cuerpo resucitado será similar a nuestro cuerpo natural, y será reconocible, pero también será diferente, aunque no sabemos por completo cómo.

32. ¿Por qué necesita el cuerpo resucitado comer y beber cuando eso se asocia con mantener un cuerpo vivo y activo?

No tiene sentido en cuanto a las dimensiones físicas y temporales, pero viviremos en otras dimensiones, por lo cual sí tendrá sentido. Sin embargo, no podemos entender eso todavía, desde nuestro punto de vista. La respuesta a tu pregunta es: "Ya veremos."

www.ingramcontent.com/pod-product-compliance
Lightning Source LLC
Chambersburg PA
CBHW052122070526
44586CB00016B/2046